AF298710

L'INNOCENCE
DES PASTEVRS
DES EGLISES REFOR-
MEES DE BEARN,
OPPOSE A VN LIBEL-
le diffamatoire Intitulé,

TABLEAV
DES MINISTRES
DE BEARN.

Pseaume 120.

Eternel deliure mon ame des fausses leures, & de la langue qui n'est que tromperie, Je suis du tout adonné à la paix, mais quand j'en parle les voila à la guerre.

✳✳

A ORTHES.

———————————

M. DC. XVIII.

L'INNOCENCE
DES PASTEVRS DES EGLI-
SES REFORMEES DE BEARN,
OPPOSEE
A VN LIBELLE DIFFAMATOIRE
INTITVLE'
TABLEAV DES MINISTRES
DE BEARN.

A Force de la verité est si grande, qu'estant bien recognuë elle no'rauist en admiration, & par vne douce violence fleschit & encline nos affections à l'aimer. Le mal est que les vns n'ont point d'yeux pour apperceuoir ceste belle lumiere, qui luit aux tenebres du monde, les autres les ont chassieux & malades, ils ne peuuent porter vne telle splendeur, son esclat les estonne, & les esbloüit : De la naist la contradiction & resistance qu'elle rencontre au monde, la haine, l'enuie des hommes, qui raliez soubs la banniere du diable, ennemis par profession de ceste verité, aiguisent leur fureur contre icelle, pour l'estoufer & l'esteindre, leurs laugues contre ceux qui la professent pour les diffamer. Iesus Christ, les Apostres, les premiers Chrestiens, qui leur ont succedé, ont esté en butte à ces traicts : De quelles faussetez enormes à on chargé leur doctrine, de quelles impudantes calomnies à on voulu noircir leurs personnes? Soubs l'Empereur Constantin le Paganisme estant aux abois, & les Dieux des nations menez publiquement en triumphe, les Arriens se sont esleuez pour troubler le repos de l'Eglise,

A 2

oüurir leurs bouches en blaſphemes contre la perſonne de Chriſt, en iniures & mediſances atroces contre
ſes ſeruiteurs ? Que n'ont ils pas deſgorgé contre
l'innocence du bon Athanaſe, pour lors le bouclier &
l'eſpée des Orthodoxes en Orient ?

Puis donc que la verité eſt expoſée à la haine, à l'enuie du monde, *Cum odio ſui cœpit veritas*, puis que les
armes des heretiques ſont la calomnie & mediſance,
*Iſtæ machinæ hereticorum, vt conuicti de perfidia ad maledi-
cta ſe conferant*, Qui s'eſmerueillera ſi l'on taſche de
nous deshonorer aujourd'huy par injures? Ayans eſté
receuz en la communion de Ieſus Chriſt pour eſtre
faicts participans de ſa gloire, refuſerions nous d'auoir
part à ſon opprobre? Eſtans appelez à defendre la doctrine des Apoſtres, & des premiers Chreſtiens, quelle
merueille ſi nous auons à ſouſtenir meſmes combats, ſi
ayans à paſſer par meſme chemin, nous rencontrons
meſmes eſpines, pareilles difficultez? Phocion diſcou-
rant vn iour à Athenes deuant l'aſſemblée du peuple,
& voyant qu'il luy applaudiſſoit ſe print à dire à ſes a-
mis, *Ne m'eſt il pas eſchapé de dire quelque mauuaiſe choſe
en n'y penſant pas?* Tout de meſmes ſi le monde nous ca-
reſſoit nous aurions occaſion de noᵘˢ eſtonner, & entrer
en defiance de nous meſmes, mais puis que Dieu veut
que noᵘˢ ſoyons l'object de ſes animoſitez, le ſubject de
ſes calomnies & mediſances, c'eſt vn ſeau de noſtre vocation, vn teſmoignage que nous ne ſommes pas du
monde, que nous n'auons point d'intelligence auec
luy, puis qu'il nous en veut, & nous attaque ſi furieu-
ſement.

Durant ces iours Caniculiers, qui eſt le temps au-
quel les chiens entrent en fureur & en rage, à paru vn
libelle diffamatoire intitulé *Le tableau des Miniſtres de
Bearn*, plein d'iniures & de calomnies contre les Pa-
ſteurs de ce pays, c'eſt en ſuite d'vn diſcours ſur la main

leuee des biens Ecclesiastiques, que les Eglises de Beam
ont mis en lumiere, pour faire voir au monde les raisons sur lesquelles s'appuye la iustice de leur cause. En
ce discours il ya quelques paroles de verité contre le
Clergé Romain, suggerée par ses propres escriuains.
Or comme aux corps vlcerez, ou combatus des mala-
dies aigues le moindre attouchement est grandement
sensible , ainsi ces gens ayans vne conscience vlcerée
& mal saine, sont naurez iusques au vif par la moindre
piqueure ou attainte, τὸ ἀληθὲς πικρὸν: De la ceste impuissance d'esprit s'esmouuant si furieusement, & ceste
maladie de langue prostituée à toute medisance. Helas!
vn esprit peut il cacher tant de venin , & vne bouche
vomir tant d'ordures & puanteurs? Et n'auoyent ils pas
parmy eux quelque homme de lettres, qui nous atta-
quast par raisons, & non par iniures & boufonneries
indecentes, ramassées dans les cuisines, cabarets, &
bourdeaux? Et si nous auions merité d'estre batus, n'e-
stions nous pas dignes qu'on nous assaillist auec des armes, & non qu'on iettast contre nous ignominieuse-
ment de la bouë ou de la siante ? Que ferions nous?
nous sçauons

> *Istum thesaurum stultis in lingua situm
> Vt quæstui habeant malè loqui melioribus .

* Plaut.
Pænul.

Quand ce libelle à paru nous auons quelque temps
douté si nous y deuions respondre. Premierement c'est
eschaufer de tant plus la cholere de ces gens, & prouo-
quer par maniere de dire leurs langues au combat:
Comme vn torrent coule auec plus de bruit & de vio-
lance, quand vous taschez d'en arrester le cours par
l'opposition de quelque chaussée, ainsi est il à crain-
dre que par l'opposition de nos iustes deffences, la calomnie ne se desborde sur no* auec plus de veheméce.

> *Baccæ bacchanti si velis aduersarier,
> Ex insanâ insaniorem facies, feriet sæpiùs .

*Plaut.

A 3

Secondement quelle gloire en acquerons nous? Il est
tousiours honorable d'entrer en lice contre vn rude &
vaillant aduersaire,

*———— Trophæum ferre me à forti viro pulchrum est,
Sin autem & vincar, vinci à tali nullum est probrum.*
Mais qui est celuy qui nous attaque? c'est vn homme
incogneu, voire vn homme qui n'est que trop cogneu
par la petulance de sa langue; C'est à faire aux Tau-
reaux des Amphitheatres d'assaillir les hommes de
paille, & s'irriter contre le vent,& puis occuper son esprit à refuter des iniures sales, de bouffonneries de ta-
uerne, ou de theatre, c'est employer vn sceptre à re-
muer du fumier ou de la fange, *æquo animo audienda*
**Senec.* *sunt imperitorum conuitia, & ad honesta vadenti contemnen-*
dus est iste contemptus. Il n'y à rien de si grand, rien qui
desplaise tant au calomniateur que de mespriser les iniures par vne dureté courageuse, sans s'en esmouuoir,
comme les traits qu'on tire contre les choses dures &
solides,au lieu de s'y enfoncer, s'en retournent vers celuy qui les à lancez : ainsi les iniures rencontrant vne
conscience bien acerée,& impenetrable à la calomnie,
au lieu de l'entamer, rejaillissent, & retombent sur le
blasonneur.

Ce neaumoins deux considerations l'ont emporté,
& nous ont arraché cest escrit des mains, la premiere
qu'il y va de la cause de Dieu,duquel on tasche de diffamer la doctrine, & la dessus auoir la bouche close,
c'est ou trahir sa cause par perfidie, ou l'abandonner
par lascheté ; la seconde qu'il y va de l'edification de
l'Eglise : Car si ce qu'on nous impropere est veritable,
qu'est autre chose nostre Eglise,qu'vne eschole de desbordement, vne estable d'Augie, vne cauerne de Ca-
cus? Il y va aussi de l'honneur des Pasteurs,lesquels tra-
uaillans au Ministere de la parole sont dignes de dou-
ble honneur; On dit que le bon sang ne ment point, &

&autres-fois le Fils de Croesus muet dés sa naissance,
voyant assaillir son Pere, rompit les empeschemens de
la nature, & contre nature se print à crier & parler, de-
meurerions nous insensibles ou muets aux calomnies
par lesquelles on tasche de diffamer la memoire & reputation de nos Peres? Le pouuons nous sans encourir
le blasme d'enfans bastards ou desnaturez ? Il est voirement indigne de nous, mal-seant à la profession de
Chrestiens, ou de gens de lettres de rendre iniure pour
iniure.

                    Aristop.

Mais il est digne du nom d'enfans de parer aux coups
tirez contre l'honneur de leurs Peres, digne de nous, de
nous lauer quand on tasche de salir nostre vie par con-
uices & medisances. Quand vn cheual passant par la
rue, faict rejaillir de la boue sur nous, ce seroit impru-
dence de luy en rejetter autant, ou mesme de s'en esmouuoir, mais c'est de l'honnesteté, & bien-seance de
s'aller nettoyer.

Pour commencer ceste besongne examinons le tiltre
du libelle, vous l'intitulez *Tableau des Ministres de Bearn,*
Mais tableau ou vous auez seulement employé le cray-
on, vous y auez espargné les couleurs, car en iceluy vo⁹
ne faites autre-chose que noircir & charbonner la memoire des morts, & la reputation des viuans, & le tout
sans couleur & apparence de verité. Ie treuue que vous
auez bien faict de vous accomparer à vn peintre, & vostre escrit à vn tableau, car il y a force raport, premierement toutes choses ont esté de tout temps permises
aux peintres, leur pinceau ne pouuant estre retenu dans
le monde, se porte audacieusement à depeindre la
diuinité.

                    Horat.

Et vous vous permettez licentieusement toutes choses, vous censurez, vo⁹ contrerollez tout, les morts mesmes, qui estans au dessus de l'effort de vos mains, de-
uroyent estre au dela des coups de vostre langue, n'es-
chappent point les traits de vostre temeraire pinceau.
Secondement les peintres representent non tant ce qui
est en nature, que ce qu'ils feignent en leur imagina-
tion, selon l'ancien dire,

*Lucil.   *Pertica pictorum, veri nihil, omnia ficta.

Ainsi vous ne representez en vostre tableau que les
grotesques, & imaginations de vostre cerueau creux,
faussetez euidentes, esloignées de toute probabilité, de
representer la verité vous ne pouuez, aussi peu que les
peintres le tonerre. En troisiesme lieu comme les peintres sont plus curieux de representer vne gale, vne ver-
rue, vne tache, que quelque beau traict de visage, vous
en faictes de mesmes, vous passez par dessus les vertus,
& recerchez les defauts auec curiosité pour mordre
dessus, tesmoin l'exemple de Bourdiu que vous alle-
guez, plus digne de commiseration, que de risée. Aussi
disoit Gregoire de Nazianze que les heretiques sont
semblables aux mousches, lesquelles se posent plustost
sur les rongnes & playes, que sur les parties saines du
corps, & Plutarque accompare les medisans aux Vau-
tours, qui passans par dessus les vergers odoriferans de
l'Arabie heureuse, se perchent sur les charongnes pour
s'en paistre.

Les iniures dont vous auez farci vostre escrit s'a-
dressent ou contre la doctrine, ou contre les personn-
nes, nous les examinerons de rang. Contre la Doctrine vous dites, que nous enseignons, que nous ne pouuons pardonner à nos ennemis, fauceté insigne!
Il faut bien que vous soyez enclin à la medisance
quand vous osez soustenir auec tant d'asseurance, vne
chose si esloignée de toute probabilité. Ne disons no⁹

pas

pas tous les iours, *Pardonne nous nos offences, comme nous pardonnons à ceux qui nous ont offencez?* N'exhortons nous pas tous les iours les fideles de se monstrer sensibles aux iniures qui sont contre Dieu, mais insensibles aux iniures faictes à eux mesmes, d'estouffer la memoire des offences receuës, & comme les animaux à l'entrée de l'Arche quitterent leur naturelle ferocité, de deposer à l'entrée de l'Eglise leurs inimitiez, leurs humeurs farouches & sauuages, pour benir ceux qui nous maudissent, embrasser d'affection saincte & cordiale tous ceux qui nous font, ou procurent du mal? A vostre calomnie, nous n'opposerons point nos liures, nos ordinaires predications, la profession de nostre vie, tesmoings irreprochables de ce que nous croyons, nous vous protestons seulement en syncerité de conscience qu'esmeus de compassion enuers vous, qui nous haïssez à outtrance, nous vous pardonnons l'injure atroce que vous nous faites, en chargeant nostre doctrine de tels blasmes, pour nous rendre odieux & detestables au monde, ayant receu pardon de nous, auec quel front oserez vous cy apres conter entre les articles de nostre creance, ceste abominable maxime, que nous ne pouuons pardonner à nos ennemis.

Suit vne aultre calomnie batue à mesme coin, Que nous croyons la chasteté impossible, celle la est recognoissable d'elle mesme, & ne pense pas que vous ayez escrit ces choses en esperance d'estre creu, car si nous tenõs que la chasteté est impossible, no⁹ croyons donc qu'il n'y à point de femme chaste & pudique parmi nous, qu'il n'y à point d'homme qui ne soit abandonné aux adulteres & paillardises, pouuez vo⁹ asseurer sans rougir que ce soit nostre creance? Pensez vous que nous soyons si perclus de ceruelle, de diffamer nostre vie, par les maximes propres de nostre religion, par icelles de nous faire le procez nous mesmes, & nous

declarer puniſſables deuant le Magiſtrat ? Si nous n'ex-
hortions tous les iours les fideles de nager contre le
courant des diſſolutions du monde, ſi no' n'auions in-
finis exemples parmy nous de chaſteté irreprochable, ſi
nous permettions les bourdeaux publics, côme le Pape
dedans Rome, qui en tire pour ceſt effect vn certain tri-
but, ie penſerois vous auoir donné quelque occaſion
de croire ce que vous nous improperez, mais quand
no' exhortons inceſſamment les fideles de ne changer
point leurs corps, qui ſont les temples du Sainct Eſprit,
en vaiſſeaux d'ordeure & de pollution, que parmi nous
il en y à pluſieurs qui repriment les concupiſcences de
leur chair pour viure chaſtement au monde, que de voir
parmi nous de bourdeaux publics eſt choſe ſans exemple, rien ne vous peuſt auoir pouſſé à dire que nous
croyons la chaſteté impoſſible, que l'intemperie de voſtre langue, & l'inclination que vous auez à meſdire,
meſmes au prix de voſtre honte & reputation.

    Pourſuiuant vos calomnies, vous nous faictes dire,
que la ſeule foy deſtituée des bonnes œuures nous ſau-
ue, Doctrine de licence & de diſſolution, que nous de-
teſtons, enſeignans que *ſans la ſaincteté nul ne verra
Dieu, que Dieu ne nous à point appelez à ordure, mais à
ſanctification, que nous ne pouuons tendre vers le prix
de la ſupernelle vocation, que par le chemin des bonnes œuures, *que Dieu à preparées, afin que nous marchions
par icelles, eſtant impoſſible d'aller au Ciel par le chemin de l'Enfer. Nous diſons voirement que la ſeule foy
à la vertu de nous iuſtifier deuant Dieu, entant que c'eſt
le ſeul inſtrument ordonné de Dieu, pour receuoir le
ſalut qui nous eſt offert en Ieſus Chriſt, & apprehender
les promeſſes de ſon Euangile, mais quand elle nous
iuſtifie, elle n'eſt iamais ſeule, ny deſtituée des bonnes
œuures, comme les yeux ſeuls ont bien la faculté de
voir, quoy que quand ils voyent ils ne ſoyent iamais

feuls, ny feparez de tous les autres fens, la foy n'eft pas
feulement la lumiere de nos entendemens, mais elle
purifie nos cœurs, elle regle & compofe nos affections,
elle eft ouurante par charité, la foy nous ioint auec Iefus Chrift, & nous met en poffeffion d'iceluy, Or Chrift
fe poffede tout entier, nous ne pouuons eftre faits participans de fon obeiffance, qui eft le prix de noftre re-
demption, que nous ne foyous faits participans de fon
efprit, lequel efclaire nos entendemens d'vne nouuelle
lumiere, efchauffe nos volontes d'un fainct amour enuers Dieu, & par reflexion enuers tout ce qui porte fon
image, enerue & affoiblit la corruption de noftre chair,
& nous influe vne nouuelle fainceté, afin que mouräs
au peché nous viuions à iuftice. Cela fert à mettre en
euidence vne autre calomnie dont vo⁹ tafchez de char-
ger noftre doctrine, nous faifant dire que le pecheur
eft iuftifié fans qu'il fe repente du forfait, προπάθεια
ἀκωλύτερως, ἀπιπάθεια δ' ὅλως οὐχὶ ὁρᾷ, la haine que vo⁹
nous portes vous bande les yeux, & vous empeche de
voir clair en noftre doctrine. Qui de nous à iamais eu
cefte abominable creance? Nous enfeignons auec toute
la parolle de Dieu la iuftification du pecheur par la foy
en Iefus Chrift, or la foy & la repentance s'entretienét
d'une liaifon & iointure indiffoluble, la foy nous dóne
la cognoiffance de la mifericorde ineffable du Pere ayant liuré fon Fils pour nous à vne mort pleine d'horreur
& ignominie, de la charité indicible du Fils ayant efté
faict peché & malediction pour no⁹, or y à il confcience, fi elle n'eft du tout infenfible à elle mefme, qui puif-
fe confiderer profondement ceft abyfme de charité,
qui ne foit tranfpercée de douleur, qui ne gemiffe &
foufpire pour auoir offencé vn Pere fi pitoyable.

Vous ne vous contentez pas d'abhorrer noftre doctrine, mais nous voulez perfuader, que toute la nature, n'en pouuant porter l'enormité, à caufe d'icelle

Pag. 7. descharge sa cholere sur tout le pays, Car dites vous, la doctrine des Ministres est cause que le Ciel nous bat en orages, en foudres, en grefles. Et quoy? Auant que nous eussions r'allumé le flambeau de l'Euangile, & fait renaistre la pureté d'iceluy, le Ciel n'esclattoit point en tonnerres & en foudres? les grefles ne moisson-noyent iamais nos champs, ne vendangeoient iamais nos vignes, n'esbourgeonnoient iamais nos arbres? l'eau par ses debords & inondations ne couuroit ia-mais la terre, & la terre ne frustroit iamais nos esperan-ces du succes de nostre labeur? Ne sçauez vous pas que par le peché de l'homme le desordre & la confusion est entrée en la nature, & par ce desordre tous les maux que nous ressentons? Et comme la dislocation d'vn membre apporte de douleurs & de maux à tout le corps, Ainsi l'homme s'estant separé de Dieu, estant sorty hors de son rang par sa desobeissance à ouuert la porte à tous les maux, qui ont couuert & inondé l'vni-uers, Ie ne veux pas nier que ces fleaux ne se multiplient à mesure que les pechez des hommes s'accroissent & se multiplient sur la terre, car, comme disoit S. Cypri-

*Ad De-met. an sur ce subject, *miraris in pœnas generis humani iram Dei crescere, cum crescat quotidie quod puniatur? Ie ne veux pas nier aussi que les débausches & dissolutions de l'E-glise ne soyent la matiere du couroux de Dieu, & l'ob-ject de ses vengeances, Et si vous niez que de vostre part vous n'aydiez beaucoup à combler ceste mesure, vous estes ou insigne hypocrite, ou du tout indolent & insensible, qui est l'extreme & dernier degré de mes-chanceté, Mais que nostre doctrine soit la cause de ces fleaux, qui le peut dire sans temerité? Quelle apparen-ce y à il que Dieu s'irrite contre nous pour ne vouloir autre regle de son seruice que sa parolle, adorer ou in-uoquer religieusement autre que Dieu, recognoistre autre Mediateur que Iesus Christ, autre merite que son

obeïffance, autre facrifice expiatoire que celuy qu'il
à vne fois offert en la Croix, pour la remiffion de nos
pechez, autre lauement, autre purgatoire de l'Eglife
que fon fang? l'ire de Dieu s'embraferoit elle contre
nous à caufe de cefte doctrine, veu que c'eft elle feule
qui appaife les frayeurs de noftre confcience, & nous
reconcilie auec Dieu? Mais permettez nous de vous
dire que c'eft auec peu de iugement que vous nous im-
putez la caufe de tous les maux qui arriuent au monde,
veu qu'en ce faifant vous vous rendez imitateur des
payens, qui faifoyent les mefmes reprochez aux anci-
ens Chreftiens. Tertullian, *ils eftiment dit il, que les Chreftiens font la caufe de toutes les publiques calamités, & incom-
modités populaires, fi le Tibre monte fur les murailles, fi le
Nil ne monte point fur les champs, fi le Ciel s'arrefte, fi la terre s'efmeut, s'il y a faim, ou pefte, des auffi toft on crie qu'il
faut ietter les Chreftiens aux lions. Cyprian à fait fon liure
contre Demetrian, & Arnobe fes fept liures contre les
gentils, tout exprès pour repouffer cefte calomnie, vo⁹
faloit il doncques pour nous combatre arracher des
mains des Payens les raifons, defquelles ils ont autre
fois combatu l'Eglife? Que pouuons nous dire, finon
que vous vous rangez du cofté des payens, puis que
vous vous trouuez faifi & couuert de leurs armes, &
que nous au contraire fouftenons au jourd'huy la caufe de l'anciene Eglife, puis que nous auons à repouf
fer mefmes ennemis, à parer à mefmes coups?

Voyla pour la doctrine venons à examiner les in
iures contre les perfonnes, Premierement vous nous
objectes ce que nous auons acouftumé de dire en vne
de nos prieres, nous confeffans *enclins au mal, inutiles
au bien, & que fans ceffe nous tranfgreffons les commandemens de Dieu,* & de la concluez l'enormité de noftre vie
brutale. Eft il bien poffible qu'vn Chreftien, qui faict
profeffion de viure en humilité & baffeffe deuant Dieu,

A 3

*Apolog.
cap. 39.
Existimāt
omnis pu
blica cla
dis, omnis
popularis
incōmodi
Christiãos
esse cau-
sam, si Ty
beris af-
cendit in
mœnia, si
Nᵘˢ non
ascēdit in
arua, si
cœlum ste
tit, si terra
moūit, si
fames, si
lues, stati
Christãos
ad Leonē
acclãatur

nous blaſme, de ce que confus par le ſentiment de nos fautes, abbatus & reduits à neant par la conſideration de la glorieuſe & redoutable maieſté de Dieu, nous nous depriſons en ſa preſence, & nous recognoiſſons n'eſtre que poudre, que vanité, que miſere? Car quand il eſt queſtion d'exhalter Dieu en ſes compaſſions & miſericordes, penſez vous qu'on le puiſſe porter trop hault, & quand il eſt queſtion de nous humilier en noſtre miſere penſés vous que nous puiſſions deſcendre trop bas? Quand nous nous diſons *enclins au mal, inutiles au bien*, cela s'entend de nous meſmes, de nous meſmes nous ſommes incapables de faire aucun bien, il faut que Dieu y diſpoſe & encline efficacieuſement toutes les puiſſances & facultez de noſtre ame, car y peut il auoir aucun bien ſans la communion auec Dieu qui eſt le ſouuerain bien? De nous meſmes nous ſommes ſarmens ſecs, incapables de porter aucun fruict, iuſques à ce qu'il plaiſt a Dieu d'employer ſa puiſſante main pour nous enter en Ieſus Chriſt, & nous faire nouuelles plantes par la conformité de ſa mort & de ſa resurrection, *comme le ſarment ne peut de luy meſmes porter fruit s'il ne demeure au ſep, ne vous auſſi ſi vous ne demeurez en moy.* Pour faire le bien deux principes y concurrent neceſſairement, le penſer & le vouloir, le penſer ne vient pas de nous, *nous ne ſommes pas ſuffiſans de penſer quelque choſe de nous, comme de nous meſmes, mais noſtre ſuffiſance vient de Dieu,* Le vouloir auſſi n'eſt point de nous, mais de Dieu mouuant & enclinant puiſſamment nos volontez par l'efficace de ſon eſprit, *c'eſt Dieu qui produit en nous le vouloir & le parfaire ſelon ſon bon plaiſir.* Puis donc que de nous nous ne ſommes pas capables de penſer ny vouloir le bien, s'enſuit que de nous meſmes nous ſommes portez au mal, & inutiles au bien, or qui s'eſtonnera ſi eſpandans nos cœurs deuant Dieu nous confeſſons, non tant ce que nous pou-

*Ieh. ch. 15. 4.

*2. Cor. c. 3. 5.

*Phil. ch. 2. 13.

uons par l'ayde & efficace de son esprit, que ce que
nous ne pouuons pas par l'impuissance de nostre nature née & concrée au dedans de nous ? Quand à ce que
vous nous objectez, *que nous transgressons sans cesse les
commandemens de Dieu,* c'est vn reproche qui ne peut
partir que de cest orgueil qui precipita l'hôme du Ciel
en terre, de la vie en la mort. Fastueux & superbe Pha-
risien sçachez que la cognoissance de nostre misere, est
le premier degré de nostre felicité, que nul ne peut e-
stre iustifié deuant Dieu, s'il ne s'accuse & ne se con-
damne premierement soy-mesme, Et comme à dit S.
Augustin *non vis vt ille damnet? tu damna, vis vt ille ig-
noscat? agnosce.* Quand l'Eglise de Dieu s'escrie, *nos ini-
quitez nous ont transporté comme le vent,* Quand Daniel
pleure & se lamente en disant, *Nous auons peché, nous
auons commis iniquité, nous auons faict meschamment, nous
auons esté rebelles,* Quãd Dauid se plaint qu'il n'a point
de repos en ses os à cause de son peché, que ses iniqui-
tez ont surmonté son chef, & qu'elles surpassent en
nombre les cheueux de sa teste, Quand l'Apostre S.
Paul se recognoist estre le premier de to° les pecheurs,
auec quel front, nous osez vous blasmer de ce que profondement humiliez par le sentiment de nostre misere,
nous confessons que sans cesse nous transgressons les
commandemens de Dieu ? S. Bernard estant entré au
dedans de soy la sonde & l'espreuuette en la main en
sort auec ceste confession, *Tant plus ie me discute, tant
plus ie treuue d'abominations és recoins de mon cœur, car de-
puis que i'ay commencé de pecher, ie n'ay peu passer vn iour
sans peché, & encores ie ne cesse de pecher, ains i'adiouste pechés aux pechés,* Si c'est humilité en S. Bernard d'auoir
dit, ie ne cesse de pecher & par consequent de transgresser
les commandemens de Dieu, sera il reprochable en
nous de dire, que nous pechons & transgressons les
commandemens de Dieu sans cesse? Anselme Arche-

* Aug.
tract. 1.
in Epist.
Ioan.
* Esay.
64. 6.
* Dan. c.
9. 5.
* Pseaum
38. & 40
* 1. Tim.
ch. 1. 15.

* Bern.
medit. c.
12.

Ansel. uesque de Cantorbery difoit, *Toute ma vie m'eſpouuan-*
te, car quand ie la diſcute diligemment ie la treuue preſque
toute ou peché ou ſterilité, & plus bas il parle ainſi à ſon
ame, ô bois aride & inutile, digne des feux eternels, que reſ-
pondras tu en ceſte iournée là, en laquelle on te demandera
comment tu as employé tout le temps de ta vie iuſques à vn
clin d'œil? Si ce bon perſonnage a confeſſé franchement
que toute ſa vie n'eſtoit que peché, euſt il faict conſci-
ence de dire que ſans ceſſe il tranſgreſſoit les commandemens de Dieu, puis que peché n'eſt autre choſe que
la tranſgreßion de la Loy? s'il ſe confeſſe vn bois ſec &
inutile, euſt-il faict difficulté, à voſtre aduis, de ſe con-
feſſer inutile au bien ? Et ſi vous auiez iamais prins la
peine d'examiner vos actions auec autant de ſoin, comme vous apportez d'enuie & de curioſité à ſindiquer
les actions des autres, penſes vous que vous ne feuſſiez
pas pluſtoſt diſpoſé de vous eſpandre en pleurs & ge-
miſſemens pour voſtre vie paſſée, qu'en riſées inſolen-
tes, & bouffonneries ſales pour la vie des autres, de
vous humilier pluſtoſt deuant Dieu, par la confeſſion
de vos fautes, que de prendre ſubiect de vous enfler &
enorgueillir contre nous en ce que nous confeſſons les
noſtres ?

Secondement vous nous reprochez la baſſeſſe de
noſtre extraction, & dites qu'aucun noble, ni enfant de
bône maiſon ne s'eſt iamais fait Miniſtre, cela eſt faux.
Nous en pourrions produire pluſieurs, les vns qui ſont
iſſus des peres, qui ont tenu des premiers rangs au
Conſeil, les autres des gentils homes, des gens de lettres, & bourgeois honorables du Pais, Mais quand
cela ne ſeroit pas, ne deuons nous pas reputer pluſtoſt
à gloire qu'a fleſtriſſeure, qu'on nous puiſſe dire auec
l'Apoſtre, *vous n'eſtes pas beaucoup de ſages ſelon la chair,*
ne beaucoup de forts, ne beaucoup de Nobles, Dieu a choiſi les
choſes foibles & meſpriſées de ce monde pour rendre confuſes
les fortes.

les fortes. Quels ont esté les Apostres, que poures pescheurs, gens de basse naissance, sans auctorité, sans creance au monde? à ce esté pourtant vn opprobre à l'Eglise Chrestienne, d'auoir eu des fondateurs qui ont esté estimez les excremens de la terre, & la balieure du monde? Et pourquoy reputerons nous à honte, ce que l'ancienne Eglise à estimé honorable & glorieux? En apres la charge de Pasteur en l'Eglise est haute & difficile, τέχνη τέχνιον ἐπιστήμη ἐπιστημῶν ἀνθρωπον ἄγειν τὸ πολυ- τροπώτατον τῶν ζώων, καὶ ποικιλώτατον. Ceste charge aussi *Naz. ora.* est exposee aux haines, aux enuies, & aux incommoditez du monde, comme la terre qui porte l'or, est sterile pour toutes autres choses, ainsi ceux qui s'occupent à la meditation ordinaire des choses cœlestes & diuines, qui portent la parolle de Dieu deuant les peuples, le plus souuent ne rapportent de leurs trauaux autre recompense, que le contentement d'auoir serui à Dieu en son Eglise, qui s'esbahira doncques, si les grands de ce monde aimans les plaisirs & delices de la chair, combatus par les incommoditez annexées à ceste profession, se tournent du costé ou il y à plus d'honneur & richesses mondaines? Parmi vous ces charges sont accompagnées de pompes, de richesses, & honneurs mondains, & vous estonnez vous donc, si plusieurs grands du monde, aimans le monde, s'y jettent à la foule, non pour l'edification du corps de Christ, mais pour les plaisirs de leur propre corps, non pour l'assemblage des Saincts, mais pour assembler de grands thresors & richesses, non pour le bien de l'Eglise & gloire de Dieu, mais pour le bien & gloire de leurs maisons, selon que vous dites que vos deux prelats se- *Pag. 17.* ment vne gloire immortelle pour leurs maisons à la posterité.

En troisiesme lieu vous nous taxés de cruauté, & la dessus qui voudra vous rendre la pareille, quelle prinse, quel auantage aura il sur vous? quelle barbarie peult aller à l'esgal de l'inquisition qui s'exerce auec horreur en Espagne, & en toutes les terres de la domination du Pape? Allez vous en à Rome, & y menez vne vie pleine d'excez & de debauche, hantez les bourdeaux permis par auctorité publique, blasphemez contre Dieu, soustenez que Iesus Christ a esté vn imposteur comme font les Iuifs, vous y viurez en toute asseurance & liberté comme ils font, mais dites qu'il n'y peust auoir autre chef de l'Eglise, autre mediateur & intercesseur enuers Dieu que Iesus Christ, que c'est vn blaspheme d'appeller la bien heureuse vierge Reyne du Ciel, porte de Paradis, fontaine de grace & de misericorde, que la taxe de la chancelerie du Pape ou les lettres d'absolution pour chasque peché sont mises à certain prix, est vn trafic honteux, & les pardons que le Pape donne pour cent ou deux cens mille ans, vne chose ridicule & profane, la roue, les tenailles, le feu ne seront pas suffisans de vanger vostre forfaict, Que dirons nous des cruautez exercées par le Pape il y a quatre cents ans, contre ceux qu'on appeloit *Vaudois,* ou *Albigeois,* professans mesme religion que nous, comme appert par leur confession enuoyée à Ladislaus Roy de Hongrie, & la description qu'en font le Pape Pie II, & le President du Thou en leurs histoires? auec quelle barbarie ont ils esté traittez, puis que Bellarmin nous dit, que soubs le Pape Innocent III. on en tua cent mille en vn jour? que dirons nous de ce que nous auons veu arriuer de nostre temps? n'a on pas exercé contre nous, tout ce que la fureur & la rage peut suggerer de barbare & d'inhumain? n'auons nous pas veu la France enyurée du sang des fidelles, & ses meilleures villes changées en boucheries? vn seul massacre de la S. Barthelemy, nous a tué plus de quatre vingts mille hommes au rapport des historiens dignes de foy, & tout le monde sçait que le Pape en a esté l'autheur, le-

Fascicul^9 rerum ex petenda-rum.
Aen. Syl. hist. Bohe. c. 33.
Thuan. hist. lib. 6. an. 1550.
de not. Eccles. c. vlt.

quel pour perpetuer la memoire de ce genereux ex-
ploit, fist batre vne monnoye d'argent, ayant d'vn costé l'image du Pape, auec ceste inscription. *Gregorius
XIII. Pontif. Max.* de l'autre vn Ange tenant vne croix
en la main, & vne espée en l'autre, de laquelle il tuoit
hômes & femmes auec ceste inscription, *Huguonorum
strages 1572.* C'est à dire, *tuerie des Huguenots en l'année
1572.* En ce pays, nous n'auons pas esté exempts de vos
cruautez, car auant que nous eussions jamais exercé
aucune violence sur vos Prestres, vous auiez entreprins
sur nos personnes, jusques à massacrer nos Pasteurs, &
les pendre honteusement par douzaines aux fenestres,
Dieu laisse encore viure l'ormeau dans Lescar pour ser-
uir d'vn memorial perpetuel de vostre cruauté, & d'vn
trophée honorable de la gloire que plusieurs fideles
Ministres pendus à ses branches ont acquis dans l'Eglise par la confession constante du nom de Christ. Si
on a commis quelque excés contre vos Prestres, ç'a esté
ensuite & pour vengeance de ces actes tragiques, &
encores durant la chaleur du combat & la fureur des
armes, Car la Reyne Ieane ayant esté contraincte de
s'enfuir à la Rochelle pour se mettre à couuert de vos
violences, enuoya pour regagner son pays, vne armée
soubs la conduitte du Comte de Montgomery, lequel
remist le Bearn à l'obeyssance de la Reyne, non sans
resistance & effusion de sang. Si pour lors quelqu'vn
de vos Prestres, porta en sa personne la punition de
vostre rebellion, & de la barbarie que premierement
vous auiez exercée contre nous, vous ne le deuez trouuer estrange, ne sçauez vous pas quelle est la licence
des armes, & à quelle vengeance se laisse transporter le
victorieux, animé par le ressentiment des offences qu'il
a receues autresfois du vaincu? n'auez vous jamais leu

—————————— *regnabit sanguine multo*   *Suet. in Ti-*
Ad regnum quisquis venit ab exilto.   *ber. c. 59.*

Et à cela mefmes n'ont jamais confenti les Miniftres, lefquels ont mieux aimé perfuader la religion par dif-cours, que la commander par violence, combatre vos Preftres par raifons, que les deffaire par armes, *mal-uerunt fanguinem fuffundere, quàm effundere.

En quatriefme lieu vous nous appellez feditieux, ainfi Achab difoit à Elie *n'es tu pas celuy qui troubles Ifraël? Ainfi L'empereur Conftantius Arrien difoit qu'Athanafe, Hilaire, & Liberius troubloint le repos de la Chreftienté. Les heretiques, difoit vn ancien, nous appellent de leurs noms, Et y à il tiltre qui vous compete plus dignement que celuy de feditieux? Feuft ee pas vn acte feditieux, quand Sixte V. depofa le Roy Henry troifiefme, quoy que Catholique Romain, & Prince debonaire, d'ou s'enfuyuit le parricide abomi-nable de ce Roy, & toutes les calamitez apportées fur le Royaume par ce coup de tonnerre? Feuft ee pas fedition quand la Sorbonne en l'année 1588. conclud contre le mefme Roy par acte public, *que le peuple de France eftoit deflié du ferment de fidelité, qu'il luy denoit, qu'il fe pouuoit en confcience affeurée armer contre iceluy, recueillir fes deniers, & contribuer pour luy faire la guerre?* Eftoit-ce pas fedition quand apres les barricades de Paris, vos predicateurs, tifons & allumettes de fedition, ne mon-toyent jamais en chaire, comme dit l'hiftoire de Fran-ce, que pour enfiler vne fuite d'jniures contre le Roy, & par ce moyen allumer la reuolte & la rebellion au cœur du peuple? pouuez vous nier que les bulles mo-nitoires de Gregoire XIIII. par lefquelles Henry 4. eftoit declaré incapable de la Couronne de France, comme heretique & relaps, & fon Royaume expofé en proye au premier faififfant, ne feut vn acte de fedition, puis qu'elles ont efté declarées par la Cour de Parle-ment affemblée à Tours le 5. d'Aouft 1591. *Abufiues, feditieufes, pleines d'impieté & impoftures.* Que dirons no⁹

de vos Iefuites, fe peuuent ils exempter du crime de
fedition, quand par arreft de la Cour de Parlement de
Paris, ils ont efté bannis de France, pour eftre corrup-
teurs de la jeuneffe, & perturbateurs du repos public,
quand les liures de Mariana, de Suares, de Bellarmin,
ont efté condamnez par arreft de la mefme Cour
comme contenants de fauffes & deteftables propofiti-
ons, tendantes à l'euerfion des puiffances fouueraines
eftablies de Dieu, & fouflcuement des fubjects contre
leurs Princes ? Et quand Rauaillac, ceft excrement
d'Enfer, enquis en fon interrogatoire, qui l'auoit pouf-
fé à commettre ceft horrible attentat, refpondit, fi vous
en voulez trouuer la caufe, fouuenez vous des fermons
du Carefme precedent, N'eft-ce pas auec iufte fuject
que nous auons dit qu'en nous appelant feditieux vous
nous qualifiez de voftre nom?

Vous tafchez de nous conuaincre de fedition, par
ce que, dites vous, le Roy ayant enuoyé vn Commif-
faire pour remettre les Ecclefiaftiques en poffeffion de
leurs biens, les Miniftres & les Gentils-hommes de noftre party luy dirent qu'il fe retiraft, car ils eftoyent
prefts de mourir auant que permettre l'execution de fa
commiffion, Il eft vray que Mr. Renard eftant venu à
Pau, pour preffer l'execution d'vn arreft, qui remue les
ancienes bornes, renuerfe les libertez du pays, pert la
Religion & l'Eglife, nous luy auons dit auec l'honneur
& le refpect deu à la dignité de fa charge, que nous ay-
mions mieux mourir que furuiure honteufement au
renuerfement de l'Eglife, & à la perte de la Religion.
Vous ne trouuerez cela eftrange, fi vous fçauez que le
Cardinal du Perron, aux derniers Eftats generaux de
France, ofa bien dire que luy & tout ce qu'ils eftoyent
d'Euefques iroyent pluftoft à la mort que de declarer
que le Roy ne peuft eftre degradé par aucune puiffan-
ce fuperieure, que fi tout voftre Clergé à bien ofé fouf-

ſtenir ſur le theatre de la France qu'il iroit pluſtoſt à la
mort que de declarer le Roy indepoſable par le Pape,
& ſa Couronne independante d'aucune puiſſance ſuperieure, ſera ce ſedition, d'auoir dit en particulier, dans
vne chambre que nous aymerions mieux mourir que
voir l'abolition & la ruine de la Religion à la conſerua-
tion de laquelle nous deuons nos vies, & tout ce que
nous auons de plus cher au monde? pour cela faloit il
s'eſpandre en vacarmes, & auec parolles ampoullées
s'eſcrier, *ô ſiecle! ô impunité! le deſmenti, Sire, vous en de-
meurera-il?* Faloit il par ces parolles de feu taſcher d'allumer le courroux du Roy contre nous, & en flattant
ſes oreilles inſtiller dedans ſon cœur la haine contre
ſes ſubjects? Penſez vous que le Roy vueille tourner
ſes armes & conuertir ſa puiſſance à noſtre deſtruction?
Et ne ſommes nous pas ſon peuple fidele & obeiſſant?
Ne croyons nous pas qu'il n'y à puiſſance ſuperieure
qui le puiſſe arracher de ſon throſne, ny foudre du Va-
tican eſcorner ſa coronne? Auons nous jamais ſollicité
les voiſins, ou ſouſleué ſon peuple contre ſon eſtat ou
perſonne? Les parricides & aſſaſſins des Rois, furies
execrables d'enfer, ſont ils ſortis d'au milieu de nous?
Ne prions nous pas tous les jours Dieu, pour l'affermiſ-
ſement de ſes coronnes, la grandeur de ſon Royaume,
& la proſperite de ſa perſonne? Pour ces choſes ne
voulons nous pas deſpendre vies, honneurs, & moyens auec autant de promptitude & d'allegreſſe que noᵃ
l'eſcriuons maintenant? Mais ou il s'agiſt de la conſer-
uàtion de la Religion & de l'Egliſe, luy qui eſt auſſi
clement & debonnaire enuers ſes ſubjects, que grand
& redoutable à ſes ennemis, ne ſera point marry que
nous en procurions l'eſtabliſſement, & en diuertiſſions
la ruine par moyens iuſtes & raiſonnables.

Vous venez puis apres à l'action des Eſcholiers, laquelle eſtant plꝰ digne de riſée que de cholere, je m'eſ-

merueille qu'elle aye peu si excessiuement esmouuoir
vostre bile, le fait passe ainsi: Les Escholiers port ez par
la chaleur de leur aage, & la curiosité qui leur est naturelle, à l'arriuée de Mr. Renard s'en allerent à Pau en
troupe de cinquante ou soixante, s'estans pourmenez
quelque iour sur le paué, & ayant eu commandement
du Conseil de s'en aller, ils se retirerent à l'instant, sans
auoir jetté aucune parolle indecente contre aucun,
moins auoir commis aucune action digne de punition.
Car de dire qu'ils voulussent en plein jour rompre les
portes du logis de Mr. Renard, c'est vne parolle de licence, qui n'a peu estre ditte que par celuy qui à rom-
pu toutes les barrieres de modestie, pour parler licentieusement & sans honte de toutes choses. Et quand
quelque indiscretion leur seroit eschappée, est ce prudence en vous de vouloir rigoureusement examiner à
la regle de prudence toutes les actions d'vne brusque
& boüillante jeunesse?

*Scilicet ingenium & velox prudentia rerum   *Pers.
    Ante pilos venit.

Mais n'est ce pas malice en vous d'en vouloir imputer
la cause aux Ministres, qui de nous les à jamais in-
citez à cela? ceux qui sont du corps de l'Academie,
n'ont ils pas tasché de les retenir pour crainte qu'ils a-
uoyent, qu'ils ne se portassent à quelque excez ou vio-
lance, au prejudice du respect que nous deuons à nos
superieurs? La prudence de ceux qui estoint à Pau en
l'assemblée de l'Eglise, n'a elle pas serui de barriere à
ces humeurs chaudes, afin qu'elles ne s'espandissent
trop auant? mais que n'est capable de nous imputer vn
esprit, qui nous impute la cause, de ce qu'il pleut, qu'il
gresle, & qu'il tonne?

Non content d'assaillir tous les Pasteurs de ce Pays en
gros, vous en attaquez quelques vns en detail, & com-
mencez par les morts, vous vous en prenez aux Sieurs

Melet, Solon, Fauger, & Touart, lesquels vous appellés paillars, Sodomites, incestueux, calomnie puante & forgée en la boutique d'enfer! auez vous eu la hardiesse de la vomir toute telle qu'elle vous à esté suggerée par le Pere de mensonge, sans la fortifier par aucune preuue, ny l'esclaircir par aucune circonstance? Pensiez vous en estre creu dans vn pais, ou il y à tant de personnes, fideles tesmoings de la vie & de la doctrine de ceux, desquels vous taschez de flestrir la memoire? Et puis pourquoy vous en prendre aux morts, & fouiller dans leurs sepulchres? voyez vous pas que vous adresser contre ceux que Dieu à desia recueilly la haut en la gloire du Pere, c'est tirer vos traicts contre le Ciel, en danger qu'ils retombent sur vostre teste? Faudroit il pas au moins que nos animositez moureussent en la mort de ceux ausquels nous en voulons, & quelles fussent enseuelies dedans leurs tombeaux? vous me faictes souuenir de ces Grecs, lesquels au rapport *d'Homere, s'atroupent à l'entour du corps mort d'Hector, Et quoy qu'ils n'eussent osé durant sa vie en attendre la presence sans se pasmer de crainte, neaumoins ils le deschirent honteusement de coups apres sa mort, ainsi vous attaquez par iniures atroces ceux desquels la vie à esté irreprochable, la doctrine au dessus de vostre capacité, & la memoire est encores aujourd'huy en benediction dans l'Eglise, desquels neaumoins vous n'eussiez osé durant leur vie soustenir le regard sans pallir. Permettez que pour toute vengeance vn chacun de ceux la vous die par nostre bouche,

*Iliad. X.

Βάλλετε νῦν μετὰ πότμον ἐμὸν δέμας, ὅτι καὶ αὐτοὶ
Νεκρὸν σῶμα λέοντος ἐφυβρίζουσι λαγωοί.

C'est à dire,

Tirez contre mon corps, vos traits apres ma mort
Car le lieure aussaut bien, le corps du lion mort.

Vous poursuiuez vostre pointe & des morts, venez
aux

aux viuants & particulierement vo°en prenez au Sr.de
Charles, lequel apres quelques jniures de marché & de
fourbanal, vous appellez Eroftrate, mieux à propos
peut eftre que n'auez pensé, Eroftrate feuft celuy qui
mit le feu au temple d'Ephefe confacré aux jdoles, &
ceftuy cy, faifant voir & recognoiftre en fes predications & leçons ordinaires, que ceft vne jdolatrie & facri-
lege abominable, d'inuoquer religieufement la creature, d'eriger fes images dans les temples, & icelles ho-
norer d'encenfements, de veftemens, de couronnes
de fleurs, baiffer la tefte deuant elles, joindre les mains,
ployer les genoux, pour les adorer auec humilité reli-
gieufe, que fait il autre chofe que bannir l'Idolatrie du
monde, brufler par confequent le temple des jdoles &
le reduire en cendres? Vous l'accufez d'auoir efcrit aux
Eglifes de France vne lettre de fedition, vous vo° trom-
pez, ceft vne lettre de douleur & de complainte, ef-
critte non par luy, mais par les Eglifes de ce pays, & ne
nous feroit il pas permis au plus fort de noftre douleur
de nous plaindre & de nous lamenter, de crier fi haut
que par la grandeur de noftre cri, tout le monde cog-
noiffe la grandeur du mal que vous nous braffez? fi vous
voulez que nous ceffions de crier & de nous plaindre,
ceffez premierement de nous procurer du mal, mais en
cefte lettre dites vous on mefdifoit de nos deux Euefques, fans doubte parce qu'on les appelloit feneans, ô
audace! ô crime expiable par mort !

Arma viri, ferte arma ——————— ————

Et penfez vous que ce tiltre de feneant conuiene fi
mal à vn Ecclefiaftique Romain, puis que jadis le Roy
Childeric par authorité du Pape feut fait ecclefiaftique
Romain, feulement parce qu'il eftoit feneant? Feneans
appellons nous ou celuy qui ne f'occupe à rien, ou qui
ne s'occupe point aux affaires de fa vocation. Or le deuoir d'vn Euefque eft de difpéfer les myfteres du Roy

amme des cieux au peuple, & luy declarer tout le Conseil de Dieu, touchant la paix & la reconciliation des hommes auec luy, de rembarrer les contredisans, maintenir la verité & desconfire le mensonge, d'eschauffer & animer son peuple à la crainte de Dieu, & crier à plain gosier contre les mal viuants, & cependant ne doit pas estre comme la chandelle, qui luit aux autres & se consume elle mesme, comme ces amas de pierres, & statues de Mercure, qu'on mettoit jadis sur les voyes publiques, qui seruoient à monstrer le chemin aux autres, & ne se remuoint point elles mesmes, ains il doit estre le sel de la terre, la lumiere du monde, reluire dans l'Eglise non en pompes & magnificences, mais en pieté & bonnes œuures, comme flambeau portant au deuant de soy la parole de vie. Pensez vous en bonne consçience, que vos Euesques respondent à ce deuoir, veu que l'vn d'entr'eux ne songea jamais de monter en chaire, pour detailler la parolle de Dieu au peuple, & l'autre n'y monta que deux ou trois fois en sa vie? On dit qu'vn Lacedemonien ayant prins vn iour vn rossignol, & l'ayant trouué grandement mince & descharné se prit à dire, *vox es præterea nihil*, c'est à dire, *tout voix & peu de chair*, nous pouuons veritablement dire le contraire de la plus part des Euesques Romains, ils sont tous chair & point de voix.

Apres auoir deschargé vostre bile sur la personne des Pasteurs, vous tournez vostre colere, contre le discours qu'ils ont faict imprimer, sur la main leuée des biens Ecclesiastiques, & voulez persuader au monde qu'en iceluy ils parlent du Roy auec peu d'honneur & de respect, si cela estoit ce seroit contre nostre intention, car nous auons tousiours creu que les Roys sont l'image de Dieu, & ses Lieutenans en terre, l'ame & l'esprit vital qui faict aller & mouuoir les affaires du monde, qu'ils sont icy bas ce que le Ciel est en la na-

ture, Car comme le Ciel est le premier agent, qui re-
çoit l'impression de la vertu de Dieu, pour la dispenser
& communiquer aux choses elementaires par ses influ-
ences & reuolutions continueles, ainsi les Roys recoy-
uent l'auctorité, les inspirations, & le mouuement de
Dieu, pour en irradier, & gouuerner leurs peuples, a-
fin que le monde se meuue & se bransle soubs eux,
comme ils ne se meuuent que soubs Dieu. Les Roys
sont au monde ce qu'estoit l'effigie de Phidias dans le
bouclier de la statue de Minerue, composée de pieces
raportées, car comme ceste effigie estoit le point & le
centre, ou toutes les parties de la statue aboutissoint
par des liaisons inuisibles, & sans laquelle toutes ve-
noyent à se disioindre, & s'en retourner en coufusion,
ainsi les Roys sont l'appuy & le soustien de la societé
publicque, tenás toutes choses en estat & en deuoir, a-
fin que le monde n'aille en desordre & en confusion.
Que si vous comparez vostre Clergé disant, que le
Roy à par dessus soy vne puissance superieure, auec
nous, qui croyons que le Roy commande souueraine-
ment au monde, & d'vne authorité absolue, ne recog-
noissant au dessus de luy autre puissance, que celle de
Dieu, vostre Clergé qui croit qu'vn Roy heretique &
Tyran peut estre deposé par le Pape, & par ainsi qu'il
ne regne qu'à l'appetit d'autruy, puis qu'vn autre luy
peut oster son Royaume, auec no' qui soustenons qu'il
ny a creature qui puisse dethrosner les Roys, ny nous
absoudre & dispenser de l'obeissance, que nous leur
deuons randre, fussent ils heretiques, fussent ils payens
ou infideles, fussent ils plus cruels que Neron, plus san-
guinaires que Tibere, car il nous suffist de sçauoir
qu'ils sont Roys, sans nous informer quels ils sont,
vostre Clergé encores disant qu'il n'est plus subject aux
Roys, & que les Roys ne sont plus ses superieurs, auec
nous qui croyons que toute ame est assuietie aux puis-

D 2

ſances ſuperieures, & que nul homme viuant ne nous
peut liberer de ceſte ſubjection, vous treuuerez que
nous ne pouuons eſtre taxez de parler des Roys auec
peu de reuerence, & que nous voulant enſeigner l'honneur & le reſpect que nous leur deuons, vous eſtes auſſi
ridicule, que ſeroient les Cardinaux de Rome, s'ils en-
treprenoient de crier contre les richeſſes, le luxe & le
faſt des Miniſtres de Bearn.

Mais dites vous, vous appelez le Roy parjure en l'ac-
comparant à Lyſander, cela eſt faux, ſeulement la cog-
noiſſance que nous auons de vos violentes pourſuites,
nous à fait eſcrier, *ſerions uous paruenus au ſiecle de Lyſan-*
der? Plutarque eſcrit que Lyſander enſeignoit à deceuoir les enfans, auec les ieux des oſſelets, & les hommes auec les ſerments. Or auons nous jamais eſcrit que
le Roy ait enſeigné ou exhorté perſonne à deceuoir les
hommes auec les ſerments? ce n'eſt donc luy, mais
vous & vos ſemblables que nous accomparons à Lyſander. Dites moy, n'eſt il pas vray, que l'eſtat de ceux
de la Religion eſt appuyé ſur les ſerments des Roys,
ſur leurs promeſſes ſolennellement faites, ſur les Edits,
Patentes, & Arreſts faicts en noſtre faueur? & vous
qui croyez ſelon la maxime de voſtre Religion eſta-
blie au Concile de Conſtance, qu'il ne faut point gar-
der la foy aux heretiques, & qui ſollicitez tous les
iours le Roy à rompre ſa promeſſe, que faictes vous
autre choſe, que preſſer & inculquer le dire de Lyſander, enſeignant à tromper les hommes par ſerments?
Er puis que vous faictes ſemblant d'auoir tant en horreur ce dire de Lyſander, pourquoy ſollicitez vous le
Roy auec tant d'importunité de violer les promeſſes,
que luy & ſes predeceſſeurs nous ont ſolennellement
faictes? que ne permettez vous qu'il laiſſe l'eſtat comme il à eſté eſtably par la Reyne Ieane, & Henry le
Grand de tres-auguſte memoire, veu que par iceluy les

blens Ecclesiastiques sont tellement dispensez, que vos
Euesques en ont à regorger, vos Prestres à suffisance,
& nos Pasteurs qui trauaillent incessamment à former
le peuple en la crainte de Dieu, & l'obeissance du Roy,
autant seulement, qu'il leur en est necessaire pour en-
tretenir leur famille, & racheter leur vie d'vne honteu-
se mendicité? Ainsi Dieu seroit honoré parmy nous,
le Roy seruy, la paix & traquilité publique entretenue,
au contraire, l'innouation que vous taschez d'introdui-
re auec tant d'ardeur, perd nostre Religion, & frappe
l'Eglise au cœur, pour auantager extraordinairement
la vostre, reduit nos Pasteurs à l'aumosne, pour enri-
chir excessiuement les vostres, & les esleuer à vne for-
midable grandeur, auilit l'authorité du Roy & l'expo-
se au mespris, luy faisant reuoquer les promesses faites
par luy, & ses predecesseurs si solennellement, altere
par consequent le repos & tranquilité publique, ces
grands bouluersemens d'estat ne se pouuans faire, sans
esbranlement & sans esmotion.

Quand à ce que vous nous objectez, que nous as-
comparons le Roy à Achab qui estoit vn Tyran, il est
vray que nous l'accomparons à Achab, non entant
qu'il estoit Tyran, ou entât qu'il s'estoit vendu pour faire ce qui est desplaisant aux yeux de l'Eternel, mais en
cecy seulement, c'est que côme Nabod n'a point esté
repris d'auoir refusé à Achab, vne vigne, quoy qu'A-
chab feust Roy legitimement assis sur le throsne d'Is-
rael, quoy qu'il luy promist aussi ou la iuste valeur, ou
vn remplacement ailleurs, par ce que par la Loy de
Dieu il ne pouuoit consentir à l'alienation de l'herita-
ge de ses Peres, Ainsi n'est ce pas rebellion, si auec
l'honneur & respect que no⁹ deuons à la dignité Royale, nous disons au Roy que nous ne pouuons consentir qu'on nous depossede de nos biens, qui sont desti-
nez à l'entretien de l'Eglise & du Ministere de la parol-

le, Car puis que nos Peres nous ont conserué la Religion au prix de leur sang, & que par le commandement de Dieu, nous sommes obligez de trasmettre ce
sacré depost à nostre posterité, pouuons nous consentir à la perte de la Religion, sans offencer Dieu, &
souiller honteusement nostre memoire, d'vne infamie
perpetuelle?

Vous suyuez vostre pointe, & pressant l'exemple de
Valentinian, en tirez ceste conclusion que nous appe-
lons le Roy heretique, ce que vous nous improperez
calomnieusement, ja n'aduienne que nous nous por-
tions jamais à ceste audace, de blasmer les dignitez, &
jetter sentence de malediction à l'encontre, mais nous
disons, que comme S. Ambroise n'a point esté blasmé
d'auoir refusé à Valentinian vn temple pour les Arriens, ne pouuant consentir en bonne conscience, qu'vn
temple dedié pour le seruice de Dieu feust conuerti à
des vsages contraires, tout de mesmes nul ne peut nous
imputer à rebellion ou felonie, si nous tenans dans les
termes d'honneur & de respect deu à sa Majesté, nous
disons, que nous ne pouuons consentir qu'on sape le
fondement, sur lequel s'apuye l'estat externe de l'Eglise, en nous ostant les aides & adminicules necessaires
à l'entretien & conseruation du seruice de Dieu. Y
a il la rien qui puisse offencer la Majesté sacrée du
Roy, moins qui le mette en butte, comme vous dites
malicieusement, aux haines & glaiues publics? Dieu
qui voit le secret des pensées les plus abstreuses, &
sonde l'abysme des cœurs, nous est fidele tesmoing,
que nous n'auons jamais basti nos desseins sur le tom-
beau des Roys, ny voulu jamais porter aucun à ceste
malheureuse & damnable entreprise, Cela est bon pour
vous qui tenez qu'vn Roy peut estre deposé & degradé par le Pape, Or pensez vous qu'vn Roy puisse sur-
uiure à la perte de de son Royaume, & qu'estant pres-

cipité comme par vn coup de fondre d'vn lieu si haut
esleué, il ne se rompe le col par sa cheute? Et puis vous
tenez, qu'vn Roy deposé, s'il tasche de maintenir & defendre sa coronne contre ses rebelles subjects, peust e-
stre poursuyui par armes, & celà n'est il pas exposer la
vie des Roys à la tuerie, & leurs personnes sacrées aux
glaiues publics? Mais pour nous qui croyons que le
Roy ne peut estre depouillé de son Royaume, qui enseignons que c'est impieté abominable de toucher à
l'oinct du Seigneur, feust il heretique, feust il Turc,
feust il payen, en quelle conscience auez vous peu dire que nostre intention est de mettre en butte le Roy
aux haines & glaiues publics? A quel propos aussi d'im-
plorer la puissance du Roy, & l'opposer à nostre foi-
blesse? auons nous jamais creu, subsister par nostre
propre force? ne deuons nous pas nostre conseruation,
à la bonté du Roy, protecteur de son peuple, & non à
la puissance de nos armes? A quoy faire aussi verser le
sang, dans le cœur de vostre noblesse, & appeler leurs
espées à vostre assistance? Incendiaire public, n'auez
vous pas eu peur d'allumer vn feu, capable de reduire
en cendres, tout le pays, & embraser toute la Chrestienté? Auez vous peu escrire ces choses, sans penser aux
horreurs d'vne guerre ciuile, pendant laquelle la Ma-
iesté de Dieu est deshonorée, l'authorité Royale mal
recognue, la Iustice foulée aux pieds, le desbordement
des vices accreu par la licence des armes, le sang hu-
main respandu, & le peuple precipité à vne extreme
& deplorable misere? Si vous auez eu horreur de ces
choses, à quoy faire jetter dans vostre escrit, les estin-
celles d'vn ciuil embrasement? Vous vous fiez sur la
multitude de vos hommes, sur la valeur de vostre noblesse, Et si nous auions accoustumé d'asseoir nostre
fiance sur le bras de la chair, & esperer en autre qu'en
Dieu, nous aurions dequoy vous repartir,

*Et nos tela etiam, ferrumque volatile dextra
Spargimus, & nostro manat de vulnere sanguis.*

Mais nous, nous asseurons en la prouidence de Dieu,
& croyons qu'il sera le defenseur de son Eglise, Appellez à vostre aide les espées de vostre Noblesse, il y à vn
Dieu au Ciel, *qui,* comme dit le Psalmiste, *rompt les arcs
& brise les halebardes.* Ourdissez contre nous tant de
desseins pernicieux que vous voudrez, il y à vn Dieu
au Ciel qui se rit, & se mocque des complots & machi-
nations des hommes, confont les Sages, en leur sagesse,
& les forts en la puissance de leur bras, & comme jadis
il enuoya, l'esprit de confusion sur ceux qui bastissoint
la tour de Babel, nous esperons qu'il jettera l'esprit de-
stourdissement sur ceux qui de nos ruines veulent aujourd'huy bastir leur babilonique grandeur. Nous protestons cependant, & appellons l'ire vengeresse de Dieu
sur nous, en cas que nous protestions à faux, que nous
n'auons autre but en nos legitimes deffences, que de
voir Dieu honoré, & son seruice maintenu, le Roy seruy, cest Estat en paix, & le peuple en repos, que si pour
nous estre opposez en justice, à la verification de l'E-
dict concernant la main leuee des biens Ecclesiastiques, laquelle la Cour Souueraine de ce Pais, à jugé
preiudiciable au seruice du Roy, affermissement de
son estat, & repos de ses subjects, on suscite contre nous
par vne seuerité inouye & sans exemple, vne guerre ciuile, de laquelle vous portez le funeste flambeau.
Nous esperons que Dieu qui preside au fort des
armes, fera voir à toute la Chrestienté par le suc-
cez & l'euenement, la sincerité de nos inten-
tions, la justice de nostre cause, & la violence de vos extraordinaires procedures.

FIN.

www.ingramcontent.com/pod-product-compliance
Ingram Content Group UK Ltd.
Pitfield, Milton Keynes, MK11 3LW, UK
UKHW020102100726
13658UKWH00004B/1927